Dieses Buch gehört

FürELISABETH

Liebe Eltern,

wir wollen Ihr Kind beim Lesenlernen unterstützen, und zwar mit spannenden und lustigen Geschichten.

Unsere Bücher mit der liebenswerten Bildermaus begleiten Ihren Sohn oder Ihre Tochter durch die Vorschule. Sie enthalten kurze Geschichten mit einfachen Sätzen sowie großer und leicht lesbarer Schrift. Hauptwörter werden durch kleine Bilder ersetzt. Lesen Sie die Geschichten vor und lassen Sie Ihr Kind die Bilder selbst benennen. Am Ende finden Sie eine Bild-Wörterliste mit den einzelnen Bedeutungen. Viele bunte Illustrationen sorgen außerdem für Lesepausen und helfen, die Geschichte zu verstehen.

So wird der Spaß am Lesen geweckt, und Ihr Kind wird ganz nebenbei von der Bildermaus zum echten Leselöwen!

Ihre

Bildermaus

Annette Moser

Willst du mein Freund sein, kleines Pony?

Illustriert von Julia Gerigk

www.bildermaus.de

MIX
Papier aus ver-
antwortungsvollen
Quellen
FSC® C109273

ISBN 978-3-7432-0759-2
1. Auflage 2021
© 2021 Loewe Verlag GmbH, Bindlach
Umschlag- und Innenillustrationen: Julia Gerigk
Umschlaggestaltung: Kathrin Tobian
Vignetten Bildermaus und Sticker: Angelika Stubner
Reihenlogo nach einem Entwurf von Angelika Stubner
Printed in the EU

www.loewe-verlag.de

Inhalt

Ankunft auf dem Reiterhof

Ida springt aus dem 🚗 und

blickt sich neugierig um. Endlich ist

sie auf einem richtigen 🏠 !

„Schau mal, Mama, die süßen 🐎 !

Und wie freundlich das gelbe 🏠

in der ☀ leuchtet!" Mama und

Papa lachen fröhlich.

„Das passt. Der  heißt

schließlich !", meint Papa. Da

kommt eine junge  beschwingt

auf Ida zu. Sie trägt eine

und  und einen .

„Du musst Ida sein", sagt sie

lächelnd und gibt Ida die .

„Schön, dass du da bist. Noah,

Marie und Emma warten schon. Ich

heiße übrigens Jule. Bist du schon

einmal auf einem  geritten?"

Ida schüttelt den . „Macht

nichts", antwortet Jule. „Am besten

ziehst du dich gleich um. Danach

zeige ich dir die !" Ida

verabschiedet sich von Mama und

Papa und winkt dem  nach.

Dann läuft sie mit Jule ins  und

zieht sich um. Als sie zurückkommt,

stehen die anderen  schon

fertig da. Als sie Ida erblicken,

beginnen sie zu kichern. Auch

Jule lacht.

„Du hast deine  verkehrt

herum an", meint sie. Ida wird rot

wie eine  . Das geht ja gut los!

Schnell tauscht sie die .

Anschließend geht es zur .

„Jetzt dürft ihr und die  euch

erst einmal beschnuppern", meint

Jule. Aber die anderen

stürmen einfach los. „Wir kennen

uns doch längst!", ruft Marie und

reißt das ▨ auf.

Noah rennt auf ein braun-weiß

geschecktes  zu, Marie auf ein

schwarzes  und Emma auf ein

dunkelbraunes . „Sie waren

schon einmal hier", erklärt Jule.

„Ida, du kannst Maja haben. Sie

ist neu auf dem , genau wie

du." Ganz hinten am steht

ein kleines mit heller

und hellem . Sein

schimmert fast orange.

16

In Idas 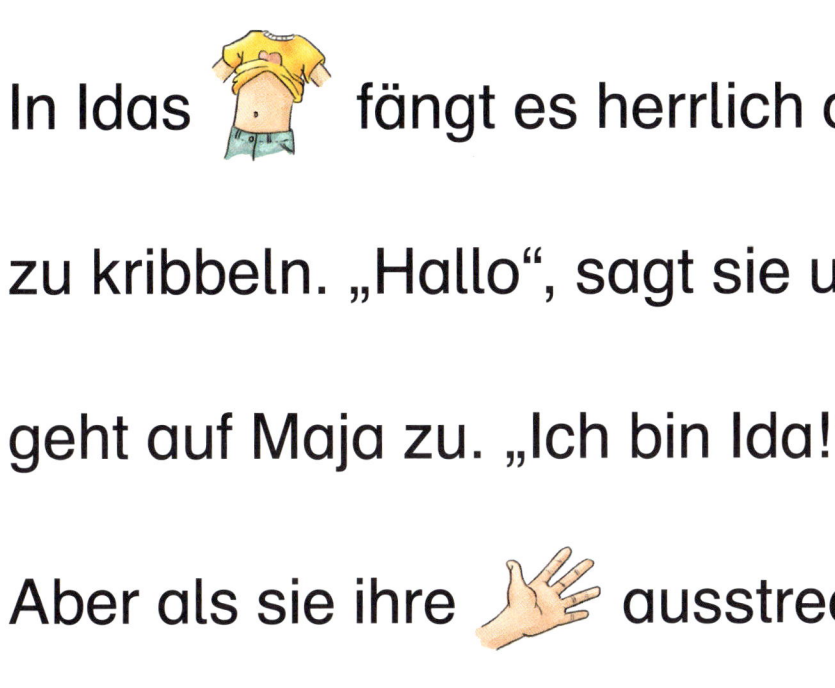 fängt es herrlich an

zu kribbeln. „Hallo", sagt sie und

geht auf Maja zu. „Ich bin Ida!"

Aber als sie ihre  ausstreckt,

zuckt das  zurück und springt

davon.

Alles geht schief!

Ida ist enttäuscht. Auch nach

dem will einfach nichts

klappen. Noah, Marie und Emma

verstehen sich toll mit ihren .

Ida schafft es noch nicht einmal,

Maja den aufzulegen. Immer

wieder rutscht er runter.

Oder Maja macht sich dick wie

ein  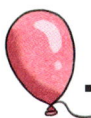. So kriegt Ida die

nicht zu. Auch sonst gehorcht

das  nicht. Als Ida es striegeln

will, springt es herum wie eine .

Und als Ida es am  führen

will, bewegt es sich nicht. Selbst

streicheln lässt sich Maja nicht.

„Hoffentlich klappt es morgen

besser", denkt Ida abends im .

20

Als der 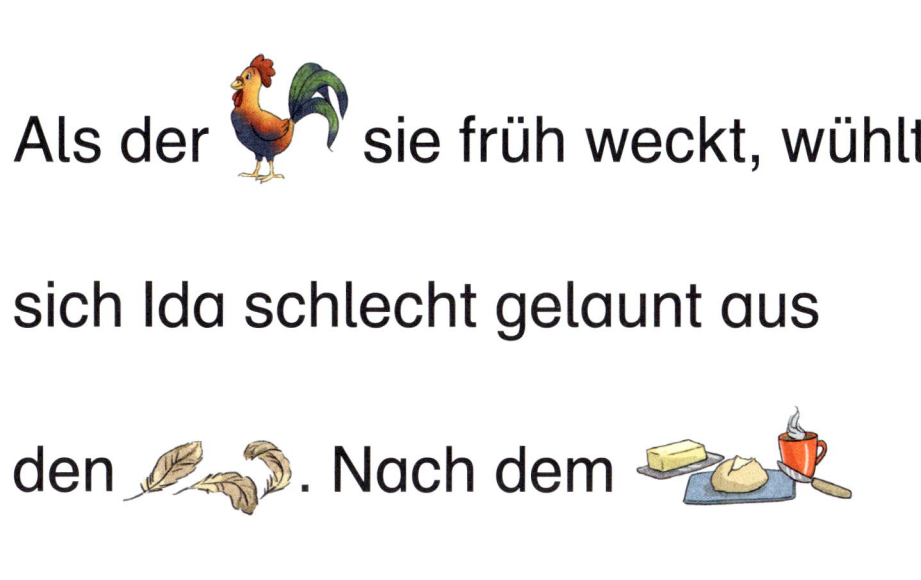 sie früh weckt, wühlt

sich Ida schlecht gelaunt aus

den . Nach dem

meint Jule: „Heute soll es sehr

heiß werden. Darum reiten wir

durch den schattigen ."

Sie klatscht in die . „Aber

zuerst zu den ! Eure

wollen schließlich auch ein .

Außerdem muss der

ausgemistet werden!" Lustlos

schnappt sich Ida eine  .

Als sie sieht, dass die anderen

ihre   füttern, holt sie einen

aus einem . „Da!" Sie hält ihn

Maja hin. Aber Maja schnaubt nur

und dreht den  weg. „Dann

eben nicht", murrt Ida.

Marie tritt neben sie und legt Ida

tröstend einen  um. „Ihr

beiden müsst euch einfach noch

besser kennenlernen", sagt sie.

„Komm, ich helfe dir mit dem

und dem ."

Als sie alle kurz darauf losreiten,

folgt Maja zunächst brav Schecki,

dem  von Noah. Doch dann

wird sie immer langsamer. „Hü!",

treibt Ida Maja an. „Eine 🐌 ist

ja schneller als du!"

Da dreht sich Maja plötzlich um

und galoppiert los. Ida zieht an

den . „Halt, nicht da lang!"

Aber Maja rennt immer weiter in

den  hinein. An einem

stoppt das .

Ida purzelt aus dem . „Autsch!"

Glücklicherweise landet sie im

weichen  . Maja beugt sich

kurz über Ida. Dann geht sie

zum   und trinkt gierig.

Oh nein! Das  ist furchtbar

durstig. Arme Maja! Ida tritt

langsam zu ihr und krault sie

behutsam zwischen den .

Diesmal zuckt Maja nicht zurück.

„Tut mir leid", flüstert Ida.

„Magst du den hier?" Sie hält Maja

einen  aus ihrer ⬭ hin,

aber das 🐴 schüttelt den 🐴.

Dafür wühlt Maja jetzt neugierig mit

ihrer   in Idas ⬭. Ida lacht.

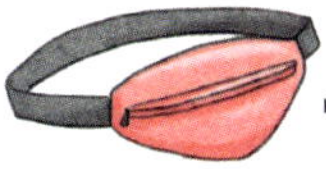

„Verstehe, du magst lieber !

Die passen auch besser zu

deinem !" Ida reicht Maja

eine 🥕 und das 🐴 frisst sie

genüsslich schmatzend auf. „Hier

sind sie!", ertönt es da auf einmal.

Noah taucht mit Schecki zwischen

den  auf. „Was ist passiert?"

Kurz darauf erscheinen auch die

anderen. Alle sind erleichtert, Ida

und ihr zu sehen. „Alles klar,

Ida?", fragt Jule besorgt.

Ida nickt lächelnd. „Maja und ich

haben uns bloß ein bisschen

beschnuppert, stimmt's?" Das

schnaubt und stupst Ida liebevoll

mit seiner weichen  an.

Der Abschied

Ida fühlt sich jetzt richtig wohl auf

dem . Sie lernt viel und

versteht sich prima mit den

anderen . „Schade, dass wir

schon bald wieder heimmüssen",

sagt Marie zu Ida. Beide holen

gerade frisches mit der .

Ida nickt und gibt Maja eine .

Sie mag gar nicht daran denken,

ihrem  Tschüss sagen zu

müssen. Doch kurz darauf ist es

so weit. Ida kratzt Majas 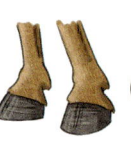 aus

und striegelt ihr , bis es glänzt.

Sie bindet ihr noch eine  in

die . Da kommt auch schon

das  mit Mama und Papa.

Freudestrahlend rennen sie auf Ida

und Maja zu. „Langsam", ruft Ida.

„Maja mag es nicht, wenn man wie

wilde  auf sie zustürmt!" Jetzt

muss Ida ihren Eltern erst einmal

viel erzählen. Später steigt sie in

den , um ihnen vorzureiten.

Aber nanu! Das  rührt sich

nicht. „Hü!", versucht Ida, es

anzutreiben. „Sei kein sturer !

Zeig, was du kannst!" Aber Maja

legt bloß die  an und stiert

böse auf Idas Eltern und das .

Ida steigt aus dem  und tritt

vor Maja. „Ich weiß, was los ist",

flüstert sie. „Du willst nicht, dass

ich wegfahre, oder?" Maja wiehert

leise. Ida schmiegt sich an ihr .

Sie gräbt ihre 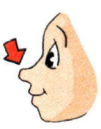 in Majas  .

„Mir geht es genauso. Aber bald

komme ich wieder auf den  ,

versprochen. Dann bringe ich dir

eine ganze  voll leckerer

mit!"

Maja schnaubt zufrieden und

zupft Ida vorsichtig am .

Jetzt ist das  so weit. Ida

steigt in den  und schwingt sich

in den . „Los geht's!" Ida

schnalzt mit der 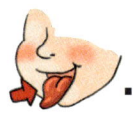. Und jetzt

führen die beiden endlich vor,

was sie alles zusammen gelernt

haben.

Die Wörter zu den Bildern:

 Auto

 Reitstiefel

 Reiterhof

 Reithelm

 Ponys

 Hand

 Haus

 Kopf

 Sonne

 Kinder

 Sonnenblume

 Chaps

 Frau

 Tomate

 Reithose

 Weide

 Gatter

 Schnalle

 Zaun

 Ziege

 Mähne

 Führstrick

 Schweif

 Bett

 Fell

 Hahn

 Bauch

 Federn

 Mittagessen

 Frühstück

 Sattel

 Wald

 Luftballon

 Boxen

 Stall

 Gras

 Mistgabel

 Ohren

 Apfel

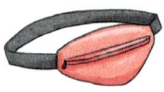 Tasche

 Eimer

 Nase

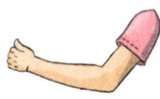 Arm

 Möhren

 Halfter

 Bäume

 Schnecke

 Heu

 Zügel

 Schubkarre

 Bach

 Hufe

 Schleife

 T-Shirt

 Piraten

 Steigbügel

 Esel

 Zunge

 **Annette Moser** wurde 1978 in Hamburg geboren und arbeitete nach ihrem Studium mehrere Jahre als Lektorin in einem Kinder- und Jugendbuchverlag. Heute lebt sie mit ihrer Familie in Nürnberg und schreibt leidenschaftlich gern Kinderbücher.

Julia Gerigk, 1981 geboren, studierte Kommunikationsdesign in Hamburg. Schon während ihrer Studienzeit veröffentlichte sie ihre ersten Kinderbücher. Heute arbeitet sie ausschließlich als freie Illustratorin. Sie lebt mit ihren Hunden und Pferden auf dem Land in Mecklenburg-Vorpommern.